Àngels Navarro

¡Nos DIVERTIMOS con LA CIENCIA!

Ilustraciones: Anna Mongay

¡Nos DIVERTIMOS con LA CIENCIA!

Queridos amigos, soy el profesor Eureka. Mi pasión por la ciencia me ha llevado a escribir este libro para que os animéis a descubrir sus secretos con experimentos sencillos y divertidos que podréis hacer en casa.

Encontraréis 28 experimentos, con instrucciones paso a paso para que podáis construirlos vosotros mismos y comprobar cómo funcionan. Cada doble página contiene también el material necesario.

La ciencia se basa en la experimentación, pero también en la observación y la reflexión sobre lo observado. Por eso se incluye, para cada experimento, un apartado sobre «¿Qué observamos?», y al final del libro encontraréis unas fichas con una breve explicación científica de cada uno.

Finalmente, no os olvidéis de pedir ayuda a un adulto siempre que lo necesitéis.

¡Animaos a crear vuestros primeros experimentos científicos y sorprended a familiares y amigos!

Instrumento de cuerda

Material

TIJERAS

ENCUADERNADORES

PUNZÓN

CAJA

LÁPIZ

CORDEL DE GOMA

PEGAMENTO

REGLA

CARTULINA ESTAMPADA

GOMA

0 10 20 30 40 50 60 70 80 90 100 110 120 130

Cómo se construye

1

Forra la tapa de una caja con cartulina estampada. Si la tapa no está sujeta a la caja, pégala.

2

Recorta un rectángulo de cartulina. Dibuja tres líneas a igual distancia entre ellas (fíjate en el dibujo). Dobla el rectángulo en cuatro secciones y pégalo en la parte superior de la caja. Servirá para elevar las gomas.

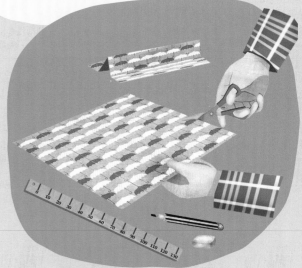

3

Con una lata o un objeto redondo, dibuja un círculo en el centro de la tapa de la caja; después, recórtalo. Deberás pedir ayuda a un adulto, ¡podrías hacerte daño!

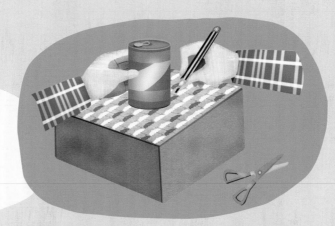

4

Con el punzón, haz seis agujeros en dos laterales opuestos de la caja; fíjate en el dibujo. Primero, dibuja líneas a lápiz para señalar el lugar dónde deberás hacer los agujeros.

5

Corta seis trozos de goma elástica de un tamaño un poco más largo que el de la caja, ya que deben atravesarla de un extremo a otro pasando por el agujero central y el puente. Tensa bien las gomas y sujétalas con los encuadernadores. Pulsa las cuerdas con los dedos y podrás escuchar un sonido.

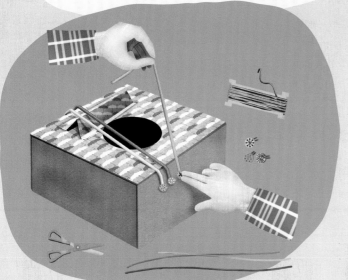

La peonza

Material

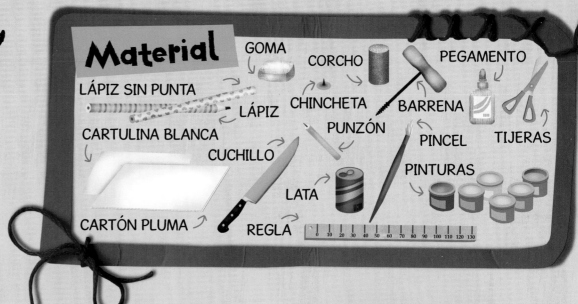

GOMA
CORCHO
PEGAMENTO
LÁPIZ SIN PUNTA
CHINCHETA
BARRENA
LÁPIZ
PUNZÓN
CARTULINA BLANCA
PINCEL
TIJERAS
CUCHILLO
PINTURAS
LATA
CARTÓN PLUMA
REGLA

0 10 20 30 40 50 60 70 80 90 100 110 120 130

Cómo se construye

1 Con la ayuda de una lata, dibuja cinco círculos en el cartón pluma y cinco círculos en la cartulina; a continuación, recórtalos. Para cortar la cartulina te bastarán las tijeras, para cortar los círculos de cartón pluma necesitarás la ayuda de un adulto, ya que hay que cortarlos con un cuchillo.

2 Pinta cada círculo de una manera distinta (uno liso, otro con siete colores distintos, otro con una espiral blanca y negra, etc.). Cuando la pintura esté seca, pega los círculos de cartulina a los de cartón pluma.

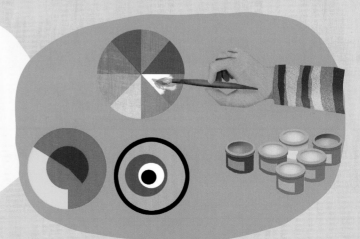

3 Corta el corcho y, en la parte más ancha, haz un agujero con la barrena; debe ser lo suficientemente grande como para que pase un lápiz.

4

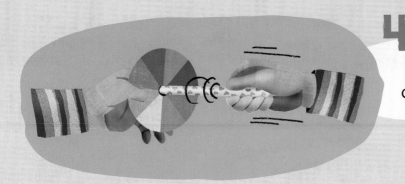

Con la barrena, haz un agujero en el centro de los cinco círculos. Utiliza un lápiz para hacer los agujeros más grandes.

5

Coloca el círculo de color liso como base de la peonza e intenta hacerla girar sobre la mina del lápiz. Observa lo que ocurre con los distintos colores y formas de los círculos.

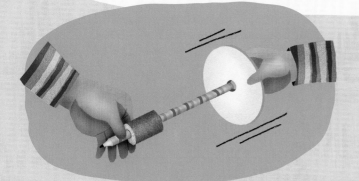

¿Qué observamos?

• Que cuando la peonza de colores gira no se distinguen los colores y parece toda de color blanco.

• Que parece que la espiral blanca y negra y los círculos se muevan al girar.

Móvil sonoro

PERCHA

OBJETOS PEQUEÑOS

BAQUETAS

PINTURAS

PAPEL DE LIJA

CORDEL

PINCEL

TIJERAS

Cómo se construye

1 Frota la percha con papel de lija para eliminar el barniz que pueda tener. Con un trapo, limpia el polvo que haya quedado.

2 Pinta la percha como prefieras: de varios colores, a rayas, con cenefas, etc. Pinta primero una cara y cuando esté seca, la otra.

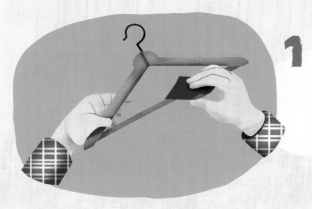

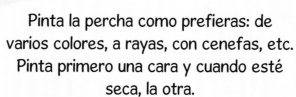

3 Mientras se seca la pintura, corta trozos de cordel de unos 35-40 cm y ata todos los objetos que hayas encontrado para construir el móvil. Procura que sean de distintos materiales (madera, cerámica, latón, plástico...) y que haya objetos planos y otros con más volumen y huecos por dentro.

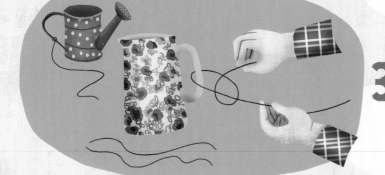

4

Ata los cordeles con los objetos en la barra de la percha.

5

Cuelga la percha y golpea suavemente los objetos, primero con una baqueta y después con una regla y una cuchara. ¿Oyes cómo suenan? ¿Suenan igual cuando golpeas con utensilios distintos?

¿Qué observamos?

- Que el sonido es distinto según el material de los objetos del móvil.
- Que si golpeamos con utensilios distintos, el sonido que producimos también cambia.
- Que los objetos huecos por dentro suenan más porque tienen caja de resonancia.
- Que hay sonidos más agudos y otros más graves. Por ejemplo, la cerámica produce un sonido más agudo que la madera o el metal.

Escopeta de aire

Cómo se construye

1
Pinta de varios colores un tubo de cartón, ¡que quede muy bonito! Recorta dos círculos de papel de seda de un diámetro mayor que el del tubo.

2
Ata estos círculos a cada uno de los extremos del tubo. Sujétalos con un cordel y procura que queden bien tensos.

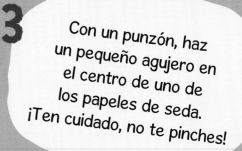

3
Con un punzón, haz un pequeño agujero en el centro de uno de los papeles de seda. ¡Ten cuidado, no te pinches!

4

Pide a un adulto que te ayude a encender la vela. Coloca el tubo con el agujero cerca de la llama de la vela, ¡procura no quemarte ni quemar el papel! Con el dedo índice, golpea repetidamente el papel del lado opuesto del tubo (observa el dibujo final). ¿Qué ocurre?

¿Qué observamos?

• Que la vela se apaga ya que, cuando el aire pasa por el agujero, sale a tanta presión que apaga la vela.

Pez en la pecera

Material

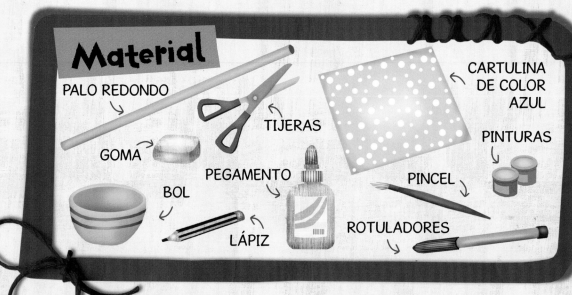

PALO REDONDO

TIJERAS

CARTULINA DE COLOR AZUL

GOMA

PEGAMENTO

PINTURAS

BOL

PINCEL

LÁPIZ

ROTULADORES

Cómo se construye

1 Dibuja en la cartulina dos círculos de unos 12 cm de diámetro. Para que te quede bien, resigue el contorno de un objeto redondo, como un bol, una tapa, etc. Recorta los dos círculos.

2 Dibuja, centrado en uno de los círculos, un pez; después píntalo de varios colores. Dibuja una pecera en el otro círculo, también en el centro. Si quieres, puedes adornar el interior de la pecera con plantas acuáticas.

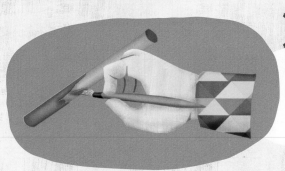

3 Con las pinturas, decora el palo dibujando líneas onduladas, como si fueran las olas del mar, o como más te guste.

4

Cuando la pintura se haya secado, pega los dos círculos en
el extremo del palo, de manera que quede un dibujo a cada lado.
Gira el palo muy deprisa entre las dos manos y verás qué ocurre.

¿Qué observamos?

• Que parece que el pez entra en la pecera.

• Que si lo pruebas con un pájaro y una jaula,
  o con una cabeza y un sombrero, también
  ocurrirá lo mismo.

El teléfono

TIJERAS

TUBO DE PLÁSTICO

2 EMBUDOS DE PLÁSTICO DE DISTINTO COLOR

CINTA ADHESIVA DE COLORES

Cómo se construye

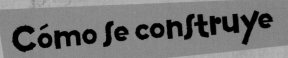

1 Corta un trozo de tubo de plástico de 140 m de longitud aproximadamente.

2 Coloca un embudo a presión en cada extremo del tubo. Si la embocadura del embudo es demasiado estrecha, rodéala con cinta adhesiva para que quede bien ajustado.

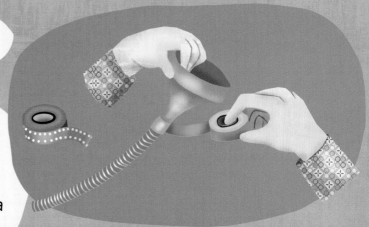

3 Fija también el segundo embudo con cinta adhesiva. Si tienes cinta de colores o estampada te quedará más bonito.

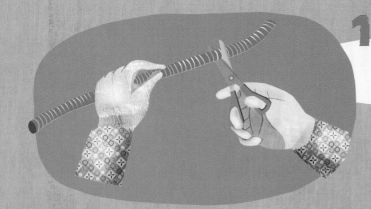

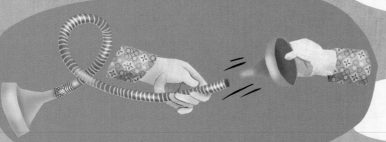

También puedes realizar el experimento con dos vasos de papel y un trozo de cordel.

¿Qué observamos?

- Que el sonido viaja a través del tubo.
- Que la voz se transmite incluso cuando hablamos muy flojito, ya que el embudo y el tubo la amplifican, como si fueran altavoces.
- Que puedes escuchar lo que se dice a través de este artefacto aunque no estés viendo a la persona que está hablando.

4 Pide a un amigo que se sitúe a cierta distancia y que se acerque el embudo al oído. Habla por el otro extremo ¡y veréis qué ocurre!

Un puente muy resistente

Material

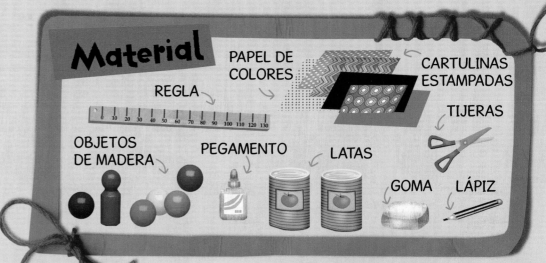

REGLA

PAPEL DE COLORES

CARTULINAS ESTAMPADAS

TIJERAS

OBJETOS DE MADERA

PEGAMENTO

LATAS

GOMA

LÁPIZ

Cómo se construye

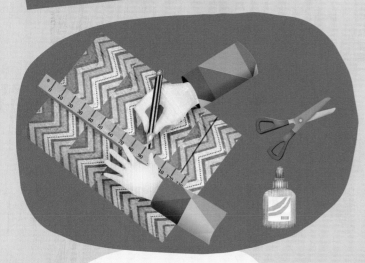

1 Mide la altura de las latas. Después, dibuja rectángulos de distintos tamaños en las cartulinas estampadas para forrar las dos latas.

2 Recorta los rectángulos de cartulina, ponles pegamento y forra las latas. Puedes sujetarlos con gomas elásticas mientras se seca el pegamento.

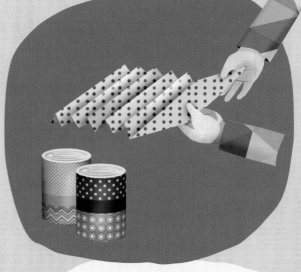

3 A continuación, recorta otro rectángulo de papel de 20 x 25 cm. Dóblalo en horizontal, en forma de acordeón.

4

Pon el papel sobre las dos latas, como si fuera un puente. Fíjate en el dibujo. Ya solo falta poner pequeños objetos sobre el puente y observar qué ocurre.

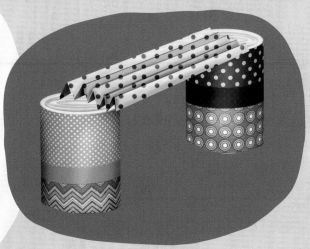

¿Qué observamos?

• Que el puente de papel soporta el peso de unas piezas de madera de peso considerable.

Ni una gota

Cómo se construye

1 Llena una botella con agua hasta arriba.

2 Echa un poco de colorante al agua, quedará más bonito. Procura que no queden burbujas de aire en el agua. Después, cierra la botella con la pelota de goma o de tenis. Es muy importante que la pelota esté en contacto con las paredes del cuello de la botella.

3

Con cuidado, gira
la botella mientras
sostienes la pelota.
Fíjate en el dibujo.

4

Aparta la mano de la pelota y verás que no cae.
¡Realiza el experimento sobre un fregadero por si la primera
vez falla! El experimento también funcionaría
con una cartulina y un vaso.

¿Qué observamos?

• Que el agua queda dentro de la botella y no cae.

Globo que no explota

Material

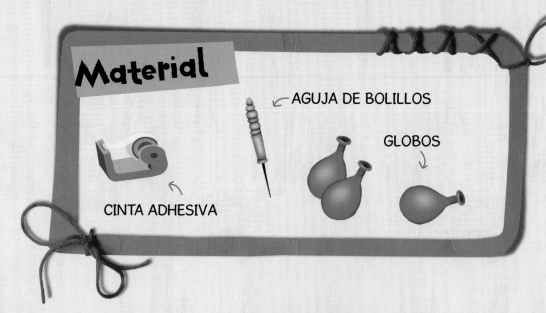

CINTA ADHESIVA

AGUJA DE BOLILLOS

GLOBOS

Cómo se construye

1 Hincha un globo y átalo con un nudo. Prepara otro por si el primero se rompe.

2 Pégale dos tiras de cinta adhesiva en forma de cruz, cerca del nudo.

3 Con mucho cuidado, clava la aguja en el globo en el punto donde se cruzan las dos tiras de cinta adhesiva. Introduce la aguja poco a poco y no la saques.

Deja la aguja clavada y muéstralo a tus amigos. Verás que aunque lo muevas, el globo no explota.

¿Qué observamos?

- Que aunque claves una aguja el globo no explota.
- Que si sacas la aguja, también muy despacio, queda un agujero por donde se escapa el aire y el globo se deshincha, pero no explota.

La atracción de feria

Material

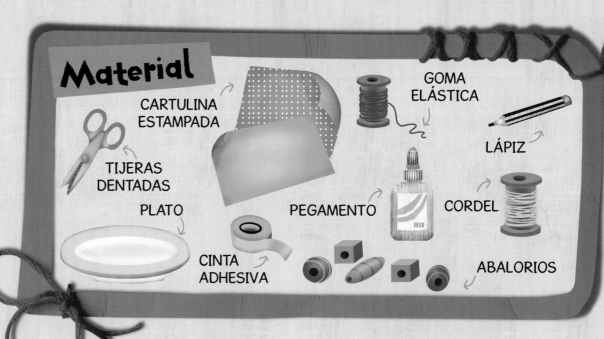

- TIJERAS DENTADAS
- CARTULINA ESTAMPADA
- GOMA ELÁSTICA
- LÁPIZ
- PLATO
- PEGAMENTO
- CORDEL
- CINTA ADHESIVA
- ABALORIOS

Cómo se construye

1

En una cartulina, dibuja un círculo con la ayuda de un objeto redondo. Recórtalo con las tijeras dentadas; después, traza un cuarto de círculo y recórtalo.

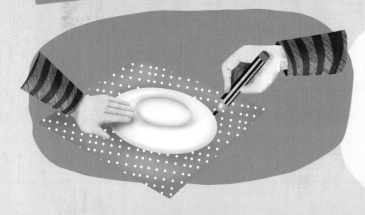

2

Con cinta adhesiva, pega una goma elástica en el centro de la cartulina. Pon pegamento en una sección del círculo y ciérralo para formar un cono. Sujétalo hasta que esté bien pegado.

3

Corta diez trozos de cordel de unos 24 cm cada uno y ata los abalorios a uno de los extremos de cada cordel. Procura que sean de varios colores.

4 Pega los cordeles en la parte interior del cono. Primero sujétalos con un trozo de cinta adhesiva. Después, refuérzalos con pequeñas tiras de cartulina.

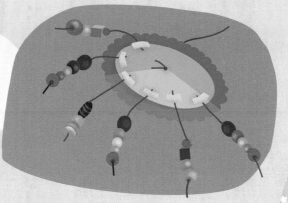

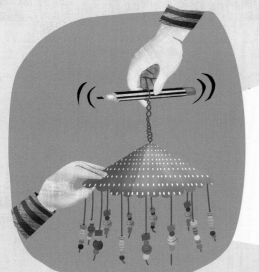

5 Cuando estén colocados todos los cordeles, pasa el lápiz por la goma elástica. Con una mano sujeta la atracción y con la otra gira el lápiz hasta que la goma quede completamente enroscada. ¡Suéltalo y verás qué ocurre!

¿Qué observamos?

• Que la goma se va desenroscando y la atracción gira y gira.

• Que los cordeles dan vueltas dibujando un círculo en el aire mayor que la atracción, alejándose del centro.

• Que cuanto más rápido gire la atracción, mayor será la fuerza que se creará y los cordeles con los abalorios girarán a mayor altura.

En equilibrio

Material

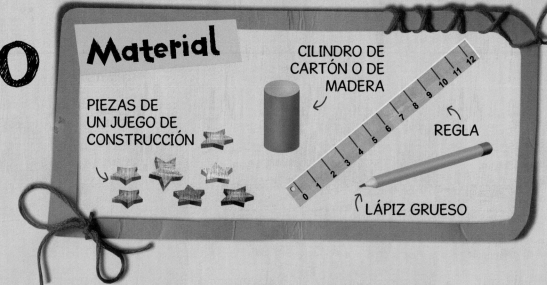

PIEZAS DE
UN JUEGO DE
CONSTRUCCIÓN

CILINDRO DE
CARTÓN O DE
MADERA

REGLA

LÁPIZ GRUESO

Cómo se construye

1

Coloca un cilindro grueso sobre una superficie plana. Sitúa la regla encima, justo por la mitad. Así, si la regla mide 12 cm, habrá que colocarla sobre el cilindro de modo que coincida con la marca de los 6 cm, la mitad.

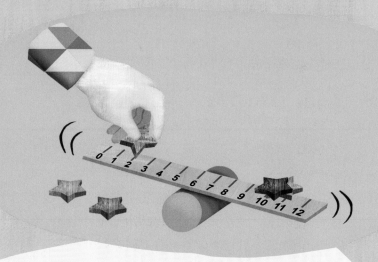

2

Con estos dos elementos habrás construido una palanca. Con cuidado, coloca algunas piezas a un extremo y otro de la regla; realiza varias pruebas: más cerca o más lejos del cilindro, y más o menos cantidad de piezas.

3

Cambia el cilindro grueso por un lápiz y comprueba si va mejor.

4

Pruébalo también con fichas o monedas.

¿Qué observamos?

- Que la regla queda en equilibrio sobre el cilindro cuando hay el mismo peso en los dos extremos.

- Que cuanto más lejos del cilindro estén las piezas, más se desequilibra la regla.

- Que si ponemos tres piezas iguales sobre la marca de los 4 cm y dos en los 12 cm, la palanca se equilibra.

- Que hay otras combinaciones para buscar el equilibrio, por ejemplo: cuatro piezas en la marca de los 5 cm y dos en la de los 10 cm.

- Que si utilizas piezas de distintos pesos, es más difícil encontrar el equilibrio y hay que hacerlo a ojo.

Volcán en erupción

Material

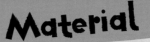

VINAGRE   CAJA DE CARTÓN   ARCILLA   BICARBONATO   PIEDRAS

PAPEL DE PERIÓDICO   VASO   ALAMBRE   HARINA   COLORANTE ALIMENTARIO

BOTELLA DE PLÁSTICO

Cómo se construye

1

Llena la botella de bicarbonato hasta la mitad. Añádele una cucharada de harina.

2

Pon la botella en el centro de la caja de cartón. Después, monta una estructura de alambre como la del dibujo y rodéala de papel de periódico arrugado.

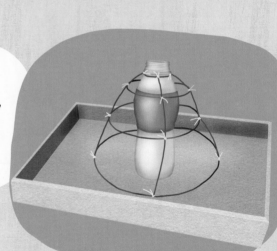

3

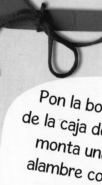

Moldea la arcilla y pon una capa encima del papel de periódico de manera que quede todo cubierto y solo se vea la abertura de la botella.

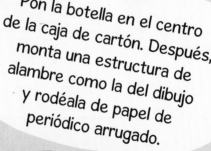

Cuando la arcilla todavía esté blanda, esparce las piedras por encima; parecerá un volcán de verdad.

4 Llena el vaso con vinagre, añádele un poco de colorante rojo y échalo dentro del agujero del volcán. ¡Verás qué ocurre! La mezcla que expulsa el volcán no quema, no tiene peligro, pero no tiene buen sabor.

¿Qué observamos?

• Que el volcán «entra en erupción» y empieza a expulsar el material.

¿Cuánto corre el viento?

Cómo se construye

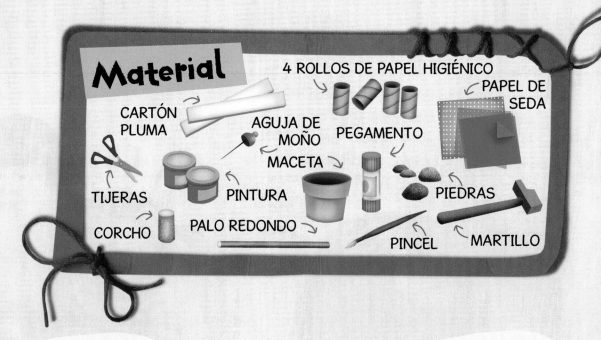

Material

CARTÓN PLUMA

TIJERAS

CORCHO

PINTURA

PALO REDONDO

AGUJA DE MOÑO

MACETA

4 ROLLOS DE PAPEL HIGIÉNICO

PEGAMENTO

PINCEL

PAPEL DE SEDA

PIEDRAS

MARTILLO

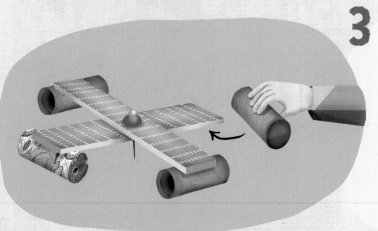

1 Con papel de seda, forra tres rollos de papel higiénico; cubre una de las aberturas de cada rollo. Pinta el palo redondo y déjálo secar.

2 Forra el cuarto con papel de seda de colores de modo que quede distinto de los demás.

3 Con cartulina, forra dos tiras de cartón pluma de un tamaño aproximado de 25 x 3 cm y pégalas en forma de cruz. Pega los rollos debajo de cada una de las aspas de la cruz. Fíjate en el dibujo: están pegados por el centro con el agujero mirando siempre hacia el mismo lado.

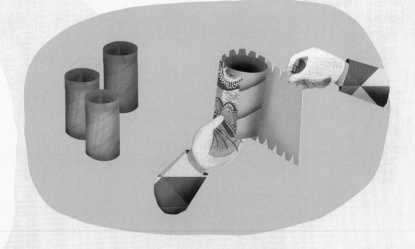

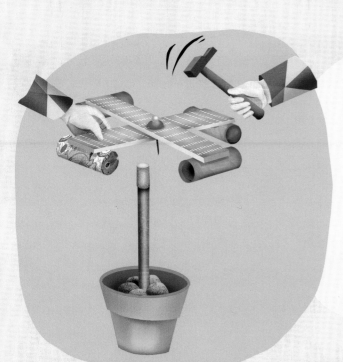

4

Llena la maceta de piedras y coloca el palo en el centro. Pon el aspa en la parte superior. Coloca el corcho en el centro de la cruz y clávale la aguja de manera que lo atraviese y se clave en el palo (no debe quedar muy apretado, para que pueda moverse). Si lo necesitas, pide ayuda a un adulto.

5

Con cuidado, ponlo en el exterior (un balcón, una ventana, una terraza...) y observa qué ocurre.

¿Qué observamos?

- Que si hace viento el aparato gira. Si cuentas cuántas veces ves pasar el tubo de distinto color durante un minuto sabrás, aproximadamente, a qué velocidad sopla el viento.
- Que si el viento sopla más fuerte, los rollos se moverán muy deprisa.
- Que si observas hacia dónde gira el aparato, podrás deducir de qué lado sopla el viento.
- Que si el aparato no se mueve, es que no hace viento.

Payaso escalador

Material

CHINCHETAS TIJERAS CAÑA DE REFRESCO

BOLAS DE MADERA

CARTULINAS DE COLORES CARTÓN PLUMA

CORDEL

LÁPIZ

CINTA ADHESIVA

GOMA

Cómo se construye

1

En un trozo de cartulina, dibuja la silueta de un payaso de unos 13 cm de altura; después, recórtalo. Puedes colorear el payaso con rotuladores o bien hacer un collage con trozos de cartulina de distintos colores.

2 Corta un trozo de cordel de 1,20 m de largo y dos trozos de caña de unos 3 cm cada uno. Con cinta adhesiva, pega los trozos de caña al payaso. Fíjate en el dibujo.

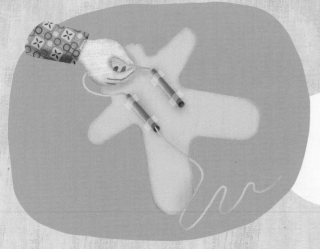

3

Pasa el cordel por el interior de las cañas y enhebra las bolas de madera en los dos extremos del cordel; después, átalo con un nudo. Los dibujos te ayudarán a entenderlo.

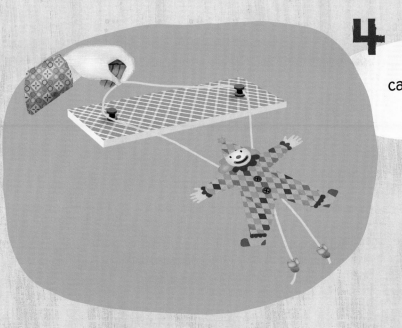

4 Forra un trozo de cartón pluma de 15 cm de largo con cartulina de colores y clava dos chinchetas a 5 cm de distancia entre ellas. Pega el cartón pluma en un sitio elevado y pasa el cordel con el payaso por las dos chinchetas.

5 Tira del cordel, primero por un lado y después por el otro inclinando ligeramente los extremos. ¡Verás qué ocurre!

¿Qué observamos?

• Que el payaso va subiendo poco a poco por el cordel.

• Que si soltamos los dos extremos del cordel, el payaso se desliza hacia abajo.

Agua arriba y abajo

Material

- JARRA CON AGUA
- VASOS TRANSPARENTES
- COLORANTE ALIMENTARIO O PINTURA PLÁSTICA
- CAJAS DE ZAPATOS
- TRAPO BLANCO

Cómo se construye

1 Llena el vaso de agua y ponlo sobre las cajas de zapatos que habrás colocado sobre la mesa.

2 Échale unas gotas de colorante alimentario. El agua se teñirá del color que hayas utilizado.

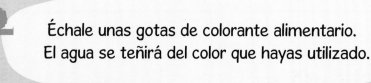

3 A continuación, enrolla fuertemente el trapo; también puedes hacer el experimento con papel de cocina, pero va mejor un trapo. Debe quedar muy apretado.

4

Pon otro vaso, vacío, sobre la mesa, cerca de las cajas de zapatos donde has puesto el otro vaso. Introduce uno de los extremos del trapo en el agua teñida. Dóblalo un poco y pon el otro extremo del trapo dentro del vaso vacío.

Ahora solo hay que esperar y observar, ¡y verás qué ocurre! Pero debes tener paciencia, tarda un poco.

¿Qué observamos?

• Que el trapo, poco a poco, se va empapando de agua y se tiñe de color.

• Que el agua no pasa rápidamente de un vaso al otro, sino que va mojando el trapo poco a poco hasta que al cabo de unas horas el agua se depositará en el vaso que inicialmente estaba vacío.

• Que el agua del segundo vaso es de un color más claro porque contiene menos cantidad de colorante.

Peces nadadores

Cómo se construye

Material

- COLORANTE ALIMENTARIO
- LISTÓN
- IMANES
- TIJERAS
- 4 TACOS O PIEZAS DE MADERA
- SIERRA
- PAPEL DE LIJA
- PINCEL
- PEGAMENTO
- PINTURA
- CARTULINA
- 3 PINCELES PLANOS
- CUBETA

1

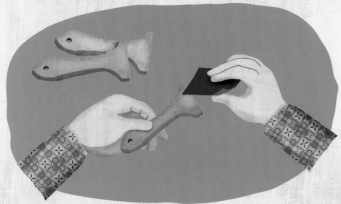

Pide a un adulto que te ayude a serrar los tres mangos de los pinceles. Pásales un poco de papel de lija para quitarles el barniz.

2

Píntalos como si fuesen peces. Pinta también el listón de madera y déjalo secar.

3

Cuando la pintura esté seca, pega un imán debajo de cada pez y otro imán sobre el listón. Fíjate en el dibujo.

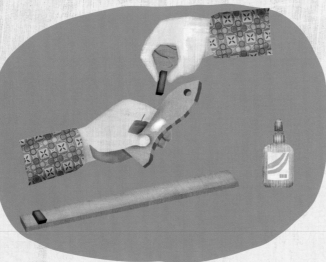

4 Llena de agua la cubeta, echa un poco de colorante azul para que parezca el mar y ponla elevada sobre cuatro tacos de madera.

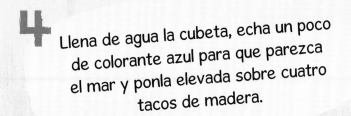

5 Coloca los tres peces en el agua y pasa el listón de madera por debajo de la cubeta, de modo que el imán la toque. ¿Ves qué ocurre cuando el listón se acerca a los peces?

¿Qué observamos?

- Que los peces se mueven atraídos por el imán del listón.

Pelota bailarina

Material

PEGAMENTO

PLASTILINA

BOL

CAÑAS DE REFRESCO

LÁPIZ

TIJERAS DENTADAS

GOMA

CARTULINA ESTAMPADA

PAPEL DE PLATA

Cómo se construye

1

Dibuja un círculo en una cartulina estampada. Para que quede bien, resigue el contorno de un objeto redondo, como una tapa, un bol, etc. Después, recórtalo; si tienes tijeras dentadas te irá mejor.

2

Recorta una cuarta parte del círculo y haz un pequeño agujero en el centro. Dobla y pega los dos lados superponiéndolos, como si hicieras un sombrero chino o un cucurucho.

3

Dobla una caña de refresco y corta un trozo de la parte larga de la caña. Introduce la caña en el agujero del cono y sujétala por dentro con plastilina.

4 Con un trozo de papel de plata, haz una pequeña bola del tamaño de una cereza. Procura no apretarla demasiado.

5 Pon la bolita dentro del cono. Sopla por la caña y verás cómo baila.

¿Qué observamos?

- Que si nos desplazamos mientras vamos soplando, la bolita también se desplaza.

- Que si soplamos muy fuerte, la bola cae. En cambio, si soplamos con la fuerza adecuada, la bola se mantiene en el aire.

La noria

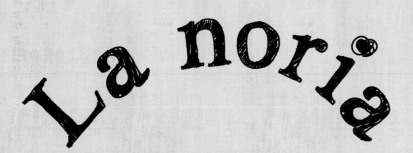

Cómo se construye

Material

- CORCHO
- CARTÓN
- CUBO
- PINTURA
- PUNZÓN
- LÁPIZ
- PALO
- TIJERAS
- PINZAS
- ALICATES
- PEGAMENTO
- ALAMBRE
- GOMA
- PAPEL DE FORRO
- MOLDES PARA REPOSTERÍA

1 Recorta dos círculos de cartón del tamaño de un plato. Con las tijeras, agujerea el centro de cada círculo y con el punzón, haz pequeños agujeros en el perímetro de los círculos, donde colgarás los moldes. Si lo necesitas, pide ayuda a un adulto.

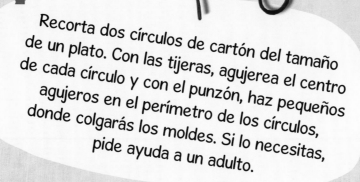

2 A continuación, forra los círculos para que queden bonitos, pero ten en cuenta que nos interesa que no pesen demasiado. Pasa un palo por el centro de los dos círculos y sitúalos a cierta distancia entre ellos. Si quieres puedes pintar también el palo.

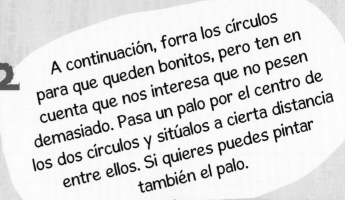

3 Con el punzón, agujerea los moldes (también puedes utilizar recipientes pequeños de plástico) y atraviésalos con un trozo de alambre de 15 cm. Pasa cada alambre por uno de los agujeros de los dos círculos y enróscalo con las tenazas de manera que el molde quede colgando.

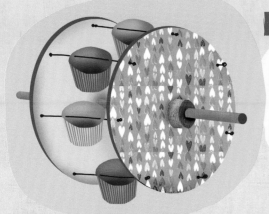

4 Sigue el mismo procedimiento con todos los moldes. Acuérdate de pedir ayuda si la necesitas. Construye unas muletas para elevar la noria para que quede sobre el cubo y no choque al girar.

5 Echa agua en el molde que está más arriba, empieza despacio y echa el agua cada vez más deprisa. Prepara más de una jarra de agua.

¿Qué observamos?

• Que al caer el agua en los moldes, la noria gira.

• Que si echas un chorro de agua más fuerte, la noria gira más deprisa.

• Que si echas un chorro de agua más fino, la noria quizá no se moverá.

Mirar las estrellas

Cómo se construye

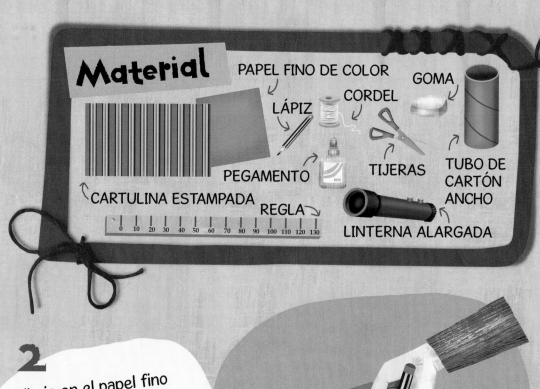

Material

PAPEL FINO DE COLOR

LÁPIZ

CORDEL

GOMA

PEGAMENTO

TIJERAS

TUBO DE CARTÓN ANCHO

CARTULINA ESTAMPADA

REGLA

LINTERNA ALARGADA

0 10 20 30 40 50 60 70 80 90 100 110 120 130

1 Con cartulina, forra el tubo de cartón como más te guste. Procura que la cartulina quede bien pegada.

2 Dibuja en el papel fino un círculo de mayor diámetro que el del tubo. Recórtalo y, a continuación, dibuja pequeñas estrellas dentro del círculo. Después recórtalas con mucho cuidado para que no se te rompa el papel.

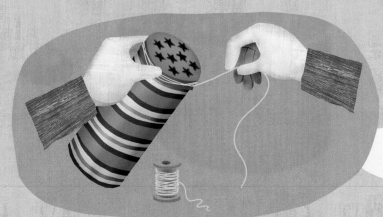

3 Ata el papel con las estrellas a un extremo del tubo. Sujétalo con el cordel.

¿Qué observamos?

- Que la linterna proyecta en la pared pequeñas manchas de luz en forma de estrellas.
- Que si te acercas o te alejas de la pared, las estrellas aumentan o disminuyen su tamaño.

4 Introduce la linterna por la abertura del tubo. En otra cartulina, dibuja un círculo con un agujero en el centro del tamaño de la linterna. Servirá de tapa del tubo, permitiendo que salga el mango de la linterna.

5 Apaga la luz y... ¡ya puedes observar un cielo estrellado en tu habitación!

La polea

Cómo se construye

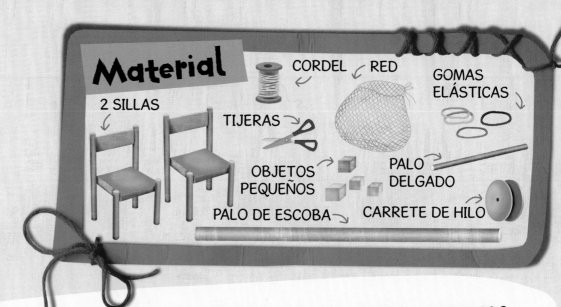

Material

- 2 SILLAS
- CORDEL
- RED
- GOMAS ELÁSTICAS
- TIJERAS
- OBJETOS PEQUEÑOS
- PALO DELGADO
- PALO DE ESCOBA
- CARRETE DE HILO

1 Pasa el palo delgado por el interior del carrete de hilo. Sujétalo con gomas a un palo más grueso, el palo de una escoba te puede servir. Fíjate en el dibujo.

2 A continuación, apoya el palo de escoba sobre los respaldos de dos sillas.

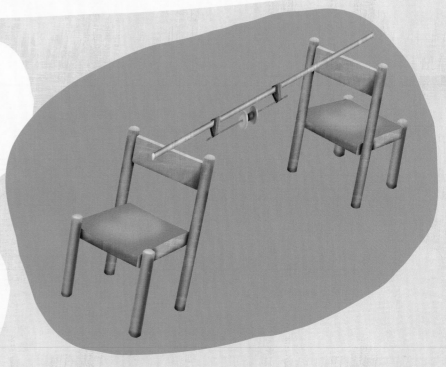

3 Pon los pequeños objetos dentro de la red, tantos como quieras.

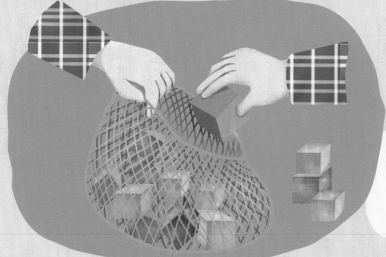

4 Ata la red a uno de los cabos del cordel y deja al menos 1,5 m de cordel por encima. Pasa el cordel por el carrete, tira de él y observa qué ocurre.

¿Qué observamos?

- Que la red, aunque pese, se eleva.
- Que has hecho fuerza para tirar del cordel hacia abajo; en cambio, la red ha subido.

Cubitos de caramelo

Material

BOLAS DE CARAMELO

JARRA CON AGUA

CUBITERA

Cómo se construye

1 Pon un caramelo en cada hueco de la cubitera. Si los cubitos tienen alguna forma especial —de pez, estrella, fresa...— quedará más bonito.

2 A continuación, echa agua en la cubitera de manera que los caramelos queden sumergidos.

3 Ahora solo hay que poner la cubitera en el congelador y esperar unas horas. Si lo dejas toda la noche, por la mañana ya estará listo.

4

Ya puedes sacar los cubitos. Si pasas un poco de agua del grifo por debajo de la cubitera, los cubitos se derretirán un poco y podrás sacarlos más fácilmente.

¿Qué observamos?

• Que el caramelo se deshace un poco y el agua, al congelarse, toma el sabor y el color del caramelo.

El sifón

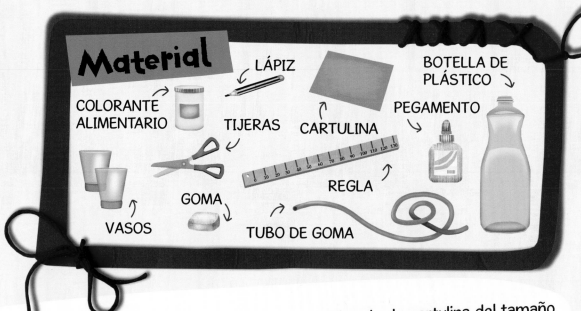

Material

COLORANTE ALIMENTARIO

LÁPIZ

TIJERAS

CARTULINA

BOTELLA DE PLÁSTICO

PEGAMENTO

VASOS

GOMA

REGLA

TUBO DE GOMA

1 Coge una botella de plástico grande vacía. Recorta un rectángulo de cartulina del tamaño de la etiqueta y pégalo alrededor de la botella, el experimento quedará más bonito.

2 Llena la botella con agua del grifo, procurando no mojar la cartulina. Échale un poco de colorante, del color que más te guste, para teñir el agua.

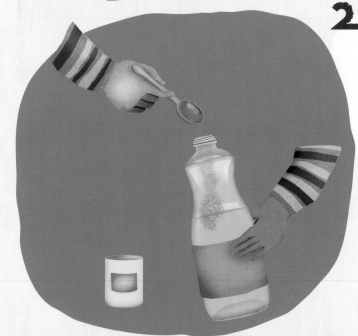

3 Introduce el tubo de goma flexible en la botella. Procura que quede un buen trozo de tubo dentro del agua. Fíjate en el dibujo.

4 Sorbe por el extremo del tubo que queda fuera de la botella, como si bebieras un refresco, hasta que el interior del tubo quede lleno de agua. Cuando el agua te llegue a los labios, sácate el tubo de la boca y tápalo rápidamente con el pulgar. Introduce el tubo de plástico dentro de uno de los vasos, aparta el dedo del tubo y fíjate en lo que ocurre. ¡Acuérdate de pasar el tubo de un vaso al otro!

¿Qué observamos?

- Que el agua empieza a circular y no para; sale de la botella y entra en los vasos.
- Que no siempre ocurre esto, ya que el recorrido final del tubo debe estar a menor altura que el extremo que está dentro de la botella.

Bolas que chocan

Cómo se construye

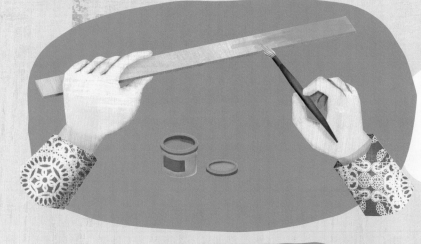

1 Pinta el listón de madera del color que más te guste. Puedes utilizar una regla en lugar de un listón, si quieres.

2 Corta cuatro trozos de cordel de unos 40 cm y enhebra una bola en cada cordel. Ata un nudo en uno de los extremos de cada cordel.

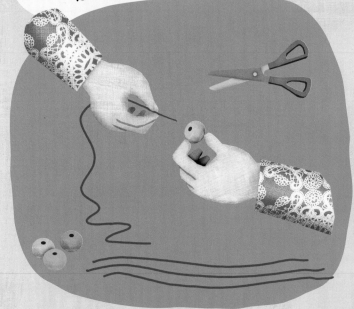

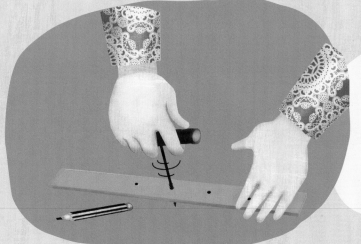

3 Con la barrena, haz cuatro agujeros en el listón a unos 4 cm de distancia entre ellos. Ten cuidado, no te hagas daño y pide ayuda a un adulto si lo necesitas.

4 Pasa los cordeles por los agujeros del listón y átalos por la parte superior. Coloca el listón en el extremo de una mesa y ponle un libro encima para que no se caiga. Fíjate en el dibujo.

¿Qué observamos?

• Que la primera bola golpea a la segunda, y esta a la tercera y así hasta la última bola; como si el movimiento de cada una se transmitiera a la siguiente.

5 Levanta la primera bola hasta que quede casi horizontal, suéltala y observa qué ocurre.

El xilófono de agua

Material

AGUA

7 BOTELLAS

COLORANTE ALIMENTARIO

REGLA

CUCHARILLA

ROTULADOR PERMANENTE

Cómo se construye

1 Llena las siete botellas con distintas cantidades de agua.

2 Para conseguir las notas de una escala musical (do, re, mi, fa, sol, la, si) deberás calcular fracciones; pide ayuda a un adulto si lo necesitas. Con una regla y el rotulador marca el nivel de cada nota en el vidrio. Por ejemplo, para marcar el nivel del agua para la nota re, deberás dividir la altura de la botella en nueve partes y llenarla hasta una octava parte.

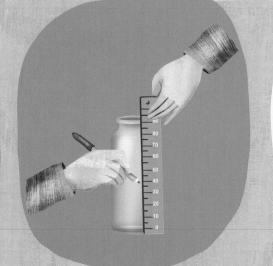

El nivel de agua de cada botella para reproducir las notas de esta escala musical son:
- La botella llena es la nota do.
- La botella llena hasta las 8/9 partes es la nota re.
- La botella llena hasta las 4/5 partes es la nota mi.
- La botella llena hasta las 3/4 partes es la nota fa.
- La botella llena hasta las 2/3 partes es la nota sol.
- La botella llena hasta las 3/5 partes es la nota la.
- La botella llena hasta las 8/15 partes es la nota si.

3

Después, coloca las botellas en fila, de la más llena a la más vacía. Echa colorante en el agua de manera que el líquido de cada botella sea de distinto color. Si no tienes suficientes colores, mezcla el colorante y cambiará la tonalidad de un mismo color.

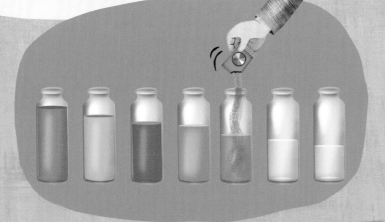

4

Golpea las botellas con una cucharilla y obtendrás una serie de sonidos.

¿Qué observamos?

- Que cuanto más agua hay en la botella, más grave es la nota.
- Que cuanto menos agua hay en la botella, más aguda es la nota que suena.
- Que podemos realizar el experimento con agua sin colorante y funcionará igual, ¡aunque quizá no quedará tan bonito!

Círculos voladores

Cómo se construye

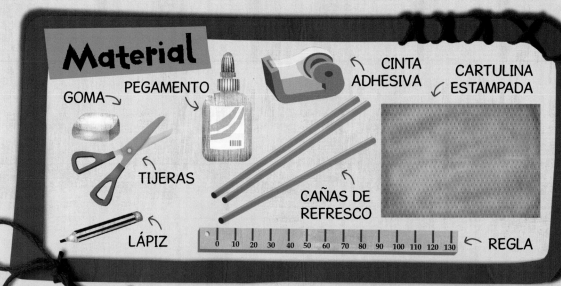

Material

- GOMA
- PEGAMENTO
- CINTA ADHESIVA
- CARTULINA ESTAMPADA
- TIJERAS
- CAÑAS DE REFRESCO
- LÁPIZ
- REGLA

1 Dibuja y recorta dos tiras de cartulina de unos 3 cm de ancho. Una debe ser el doble de larga que la otra. Recorta también unas pequeñas tiras que te servirán para sujetar las cañas de refresco.

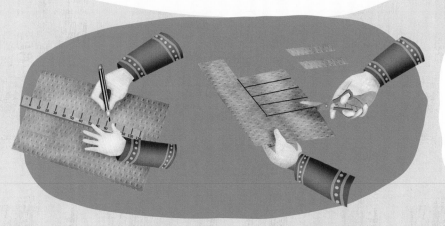

2 Enrolla las tiras de cartulina y monta dos aros. Únelos con pegamento o con cinta adhesiva; procura que queden bien sujetos.

3 Con una tirita de cartulina y un poco de pegamento, pega una caña en el exterior del aro más grande. A continuación, pega la segunda caña justo delante. Pega los otros dos extremos de las cañas al aro pequeño, también por el exterior. Pega una tercera caña entre las otras dos.

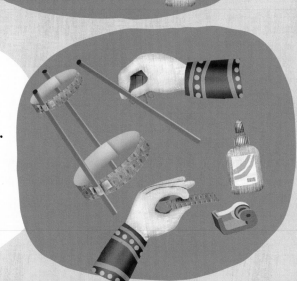

4 Sujeta el artefacto de manera que el aro más grande quede en la parte delantera. Lánzalo como si fuera un dardo o un avión de papel.

¿Qué observamos?

• Que el artefacto vuela como si fuera un avión de papel.

Líquidos que no se mezclan

Material

CUCHARILLA

VASO ALTO DE CRISTAL

VASO

ACEITE

MIEL

JARRA DE AGUA

COLORANTE ROJO

Cómo se construye

1 Echa la miel en el vaso largo hasta una altura de unos 8 centímetros. Prepara un trapo por si cae un poco de miel sobre la mesa.

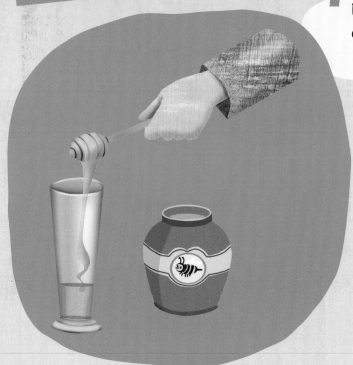

2 A continuación, en el otro vaso pon agua con un poco de colorante rojo. Mézclalo bien.

3

Cuando el agua esté completamente roja, échala también en el vaso largo, poco a poco e inclinando ligeramente el vaso.

4

Para terminar, echa un buen chorro de aceite en el vaso largo. ¡Procura no mancharte con el aceite!

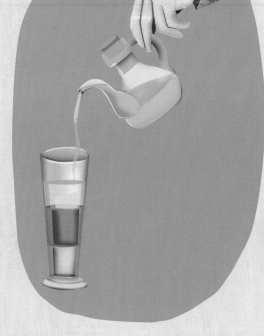

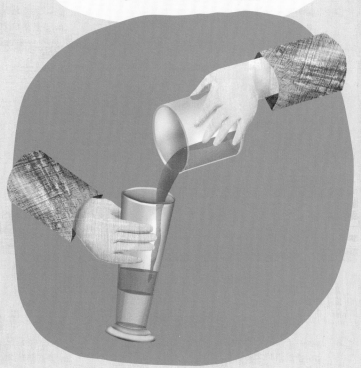

¿Qué observamos?

• Que los líquidos no se mezclan, cada uno queda por encima del otro formando tres espectaculares capas líquidas de distintos colores.

Flequillo bailarín

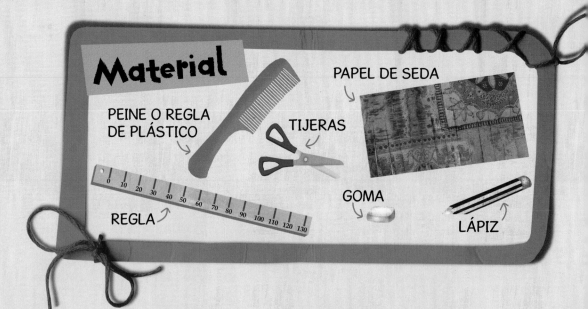

PAPEL DE SEDA

PEINE O REGLA
DE PLÁSTICO

TIJERAS

REGLA

GOMA

LÁPIZ

Cómo se construye

1

Corta un rectángulo de
papel de seda de unos
20 cm de largo y
9 cm de ancho.

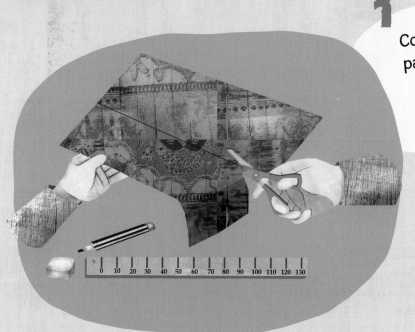

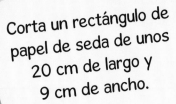

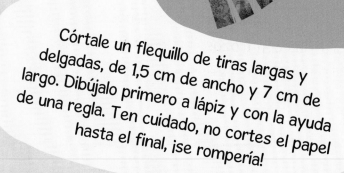

2

Córtale un flequillo de tiras largas y
delgadas, de 1,5 cm de ancho y 7 cm de
largo. Dibújalo primero a lápiz y con la ayuda
de una regla. Ten cuidado, no cortes el papel
hasta el final, ¡se rompería!

3

Pásate el peine por el pelo seco y limpio varias veces. También puedes frotar el peine con un jersey de lana, y puedes utilizar una regla de plástico en lugar de un peine.

4

Acerca las púas del peine, o la regla, al flequillo de papel sin tocarlo; verás qué ocurre. También puedes probarlo con pequeños recortes de papel de seda.

¿Qué observamos?

- Que el flequillo se mueve, baila y serpentea.
- Que si lo pruebas con trozos pequeños de papel, los papeles se acercan al peine.

Globo cohete

Cómo se construye

Material

- CINTA ADHESIVA
- GOMA
- TIJERAS
- HILO GRUESO
- LÁPIZ
- CARTULINA DE COLORES
- PINZA DE TENDER LA ROPA
- CAÑAS DE REFRESCO
- GLOBOS
- PEGAMENTO
- PAPEL DE SEDA

1 Corta un trozo de lana o de hilo grueso de unos dos metros de largo. Pasa el hilo por el interior de una caña de refresco. Prepara dos sillas y ata los dos extremos del hilo a los respaldos de las sillas.

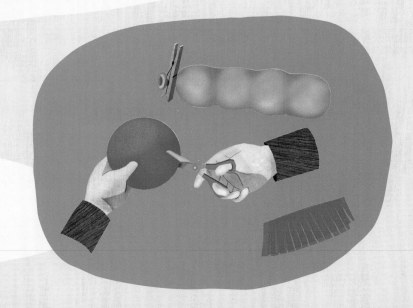

2 Para fabricar el cohete, recorta dos trozos de cartulina, uno para la punta y otro para la base de la nave, y decora un globo con estas piezas. Hincha el globo pero sin atarlo, ciérralo solo con una pinza. Fíjate en el dibujo.

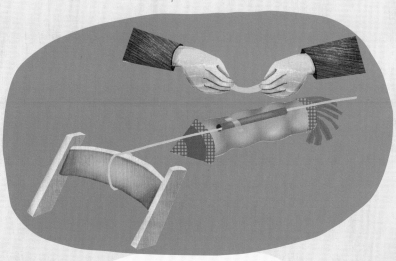

3 Sujeta el globo a la caña con dos tiras de cinta adhesiva.

4 Prepara bien las sillas y procura que el globo esté bien colocado. ¡Diez, nueve, ocho, siete... cero! Quita la pinza del globo y el cohete saldrá disparado.

¿Qué observamos?

• Que cuando quitamos la pinza del globo, el aire del interior sale a gran velocidad; el globo es propulsado hacia delante y se desplaza de un extremo al otro del hilo hasta que ya no queda aire en su interior.

© 2012, Àngels Navarro, por la idea, el contenido y la dirección de arte
© 2012, Anna Mongay, por las ilustraciones
Contenido y dirección de arte: Àngels Navarro
Diseño y maquetación: Núria Altamirano
Fotografía: Genís Muñoz
Ilustración: Anna Mongay
Construcción de los experimentos: Àngels Navarro y Núria Altamirano
© 2012, de esta edición, Combel Editorial, S.A.
Casp, 79 – 08013 Barcelona
www.combeleditorial.com
Segunda edición: febrero 2013
ISBN: 978-84-9825-755-7
Depósito legal: B-9218-2012
Printed in Spain
Impreso en Indice, S.L.
Fluvià, 81-87 – 08019 Barcelona

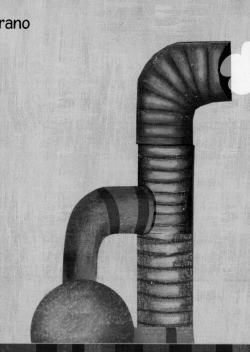